M

M

m

m

M M M

m m m

M M M

m m m

M m M m

M M M

m m m

M m M m

im im

um um

E

e

E E E

e e e

E E E

e e e

E E E

e e e

Ei Ei

mein mein

nein nein

neu neu

meine meine

2	I i	3	N n	4	U u	5	M m	6	E e
7	✏	8	D d	9	O o	10	A a	11	R r
12	✏	13	S s	14	✏	15	✏	16	T t
17	✏	18	L l	19	✏	20	✏	21	✏
22	H h	23	✏	24	Ch ch	25	✏	26	✏
27	✏	28	Sch sch	29	✏	30	B b	31	✏
32	✏	33	✏	34	K k	35	✏	36	W w
37	✏	38	✏	39	✏	40	F f	41	✏
42	P p	43	✏	44	✏	45	✏	46	G g
47	✏	48	J j	49	✏	50	✏	51	✏
52	Z z tz	53	✏	54	V v	55	✏	56	✏
57	✏	58	ß	59	✏	60	Qu qu	61	✏
62	✏	63	✏	64	Y y	65	✏	66	C c
67	✏	68	✏	69	✏	70	X x	71	✏
72	✏	73	✏	74	✏	75	✏	76	✏

Seiten mit einem Stiftsymbol sind Übungsseiten.

I

i

2

1

N

N

n

n

N *N* . . . . . . *N*

n *n* . . . . *n*

N *N* *N*

n *n* *n*

N *n* *N* *n*

N *N* *N*

n *n* *n*

N *N* *N*

n *n* *n*

in *in*

U

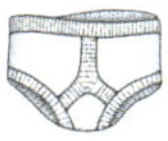

U

u

u

U U U

u u u

U U U

u u u

U u U u

U U U

u u u

U U U

u u u

nun nun

ein ein

eine eine

ein  eine  ein 

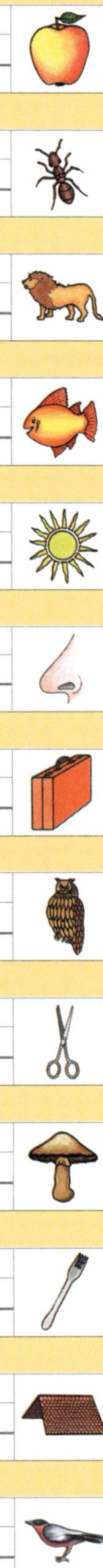

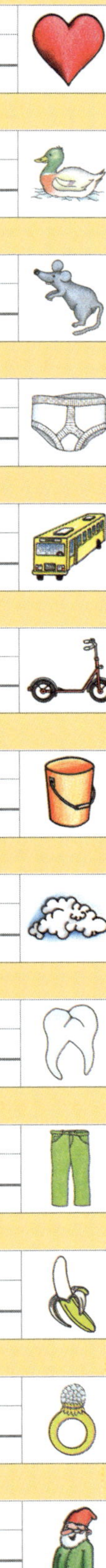

D

d

D D D

d d d

D D D

d d d

D d D d

du du

die die

dein dein

deine deine

und und

Ende Ende

O

O

o

o

O O O

o o o

O O O

o o o

O o O o

Omi Omi

Dom Dom

Dino Dino

Mond Mond

Nomen Nomen

Domino Domino

A

1 2 *A*

a

a

A A A

a a a

A A A

a a a

A a A a

an an

am am

da da

Mai Mai

Oma Oma

Name Name

R

R

r

r

R R R

r r r

R R R

r r r

R r R r

er er

der der

dir dir

oder oder

reden reden

Reim Reim

den den

dem dem

dann dann

dünn dünn

müde müde

rund rund

Anna Anna

rudern rudern

ordnen ordnen

reimen reimen

rennen rennen

Rad Rad

Ordner Ordner

räumen räumen

nur, dein, Mund, Rand

nur,

S

s

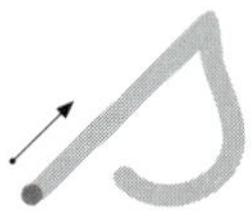

S S S

s s s

S S S

s s s

S s S s

das das

des des

sind sind

Riss Riss

Rose Rose

Sand Sand

es es

aus aus

so so

sie sie

sein sein

seine seine

nass nass

diese diese

dieser dieser

unser unser

Sommer Sommer

essen essen

reisen reisen

müssen müssen

so, Mars, sausen, messen

der Arm	
die Oma	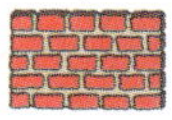
das Rad	
die Maus	
das Meer	
der Euro	
die Dose	
die Rose	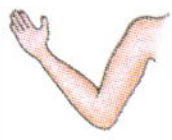 der Arm
die Nase	
die Erde	
das Radio	
die Mauer	
die Sonne	
die Nüsse	
die Ameise	
das Messer	

T

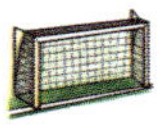

T

t

t

T T T

t t t

T T T

t t t

T t T t

tun tun

rot rot

ist ist

Tee Tee

nett nett

Auto Auto

Tomaten sind rot.

Tomaten sind rot.

Tina redet im Traum.

Toni reimt am Strand.

Omi turnt an einem Ast.

Tante Trudi träumt im Tor.

Die Mäuse essen eine Torte.

An der Tanne sind Ameisen.

Mut, Durst, unten, Mutter,

sonst, tasten, atmen, stumm, Osten

L l

L L L

l l l

L L L

l l l

L l L l

als als

null null

alle alle

Los Los

Lied Lied

Lolli Lolli

Leos Laterne ist lila.

Lilli liest im Laden.

Lilo malt neun Läuse.

Linda isst nur Nudeln.

Esel eilen in den Stall.

Alle Lose sind in Dosen.

Lisa sammelt alte Lollis.

lesen, rollen, laut, Lama, also,

malen, lernen, laden, Laster, Leute

der Stern

das Tor

der Esel

die Insel

das Auto

der Roller

die Eule

der Sessel

die Tasse

die Leiter

das Seil

die Ente

die Nudel

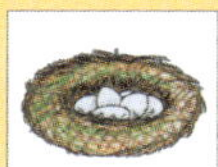

die Laterne

der Teller

das Nest

der Salat	
die Tonne	
das Lineal	
der Mantel	
die Tür	
der Stein	
die Tanne	
der Seestern	
die Tomate	
die Trommel	
der Laster	
der Ast	
die Nadel	
der Tee	
der Turm	
das Osterei	

H

1 2 3

H

h

h

H H H

h h h

H H H

h h h

H h H h

her her

Uhr Uhr

Hose Hose

Haus Haus

holen holen

heute heute

Hunde heulen im Heu.

Der Himmel ist heiter.

Hänsel hat helle Haare.

Hans hat einen Hamster.

Heidi hat einen Hammer.

Hummeln heiraten nie.

Heinis Hasen essen Halme.

Hannis Huhn hat Husten.

Ch

Ch

ch

ch

Ch Ch Ch

ch ch ch

Ch Ch Ch

ch ch ch

Ch ch Ch ch

hoch hoch

durch durch

leicht leicht

Chinese Chinese

Dach Dach

ich ich

Lurche lachen nicht.

Acht Chinesen tauchen.

Das Dach ist aus Eiche.

Ich mache tolle Sachen.

Michael macht Streiche.

Lachen macht dich reich.

In dem Tuch ist ein Loch.

Drachen riechen nach Rauch.

Ich turne an Ästen.

Ich stehe im Tor.

Mein Name ist Erde.

Ich tauche im Meer.

Ich rolle herum.

Ich strahle hell.

Mein Name ist Ente.

Ich male toll.

Ich turne an Ästen.

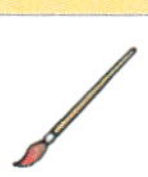

Ich leuchte nachts.

Ich mache das Essen.

Mein Name ist Hase.

In mir ist der Müll.

Mit mir riecht man.

Mit mir sieht man.

Mich lesen die Leute.

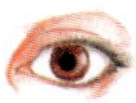

doch, dich, nach, Stunde, raten,
Erde, sollen, turnen, reiten, lassen

Sch

sch

Sch Sch Sch

sch sch sch

Sch Sch Sch

sch sch sch

Sch sch Sch sch

schon schon

Schild Schild

Schule Schule

Schere Schere

Tisch Tisch

schön schön

Im Schuh ist Schnee.

Am Tisch ist Schimmel.

Es schneit in die Tasche.

Im Schrott sind Scheren.

Schneemänner sind schön.

Ich nasche Schnittlauch.

Der Schlitten ist schnell.

Ich schnarche in der Schule.

B

2
1
B

b

b

B B B

b b b

B B B

b b b

B b B b

aber aber

blau blau

Buch Buch

Banane Banane

lieb lieb

bauen bauen

Brittas Boot ist bunt.

Bert bastelt eine Brille.

Bello bellt Bananen an.

Bennos Bruder ist blond.

Birte badet in Brasilien.

Bernd bürstet seine Beine.

Boris besucht die Bücherei.

Beate bemalt Bibis Bauch.

Ich habe acht Beine.

Ich bin schon älter.

Ich bin ein Bär.

Ich bin sehr laut.

Ich bin sauer.

Ich schäume schnell.

Das ist mein Schnabel.

Ich brauche Schnee.

Ich bin eine Banane.

Ich habe ein Schloss.

Ich bürste die Haare.

Meine Schale ist hart.

Ich bin aus Schnee.

Ich habe Blätter.

Ich bin ein Brot.

scheinen, Müll, leise, üben,

schneiden, Mädchen, Bub, arbeiten

K

1 K 2

k

k

K K K

k k k

K K K

k k k

K k K k

klein klein

krank krank

Kiste Kiste

Kinder Kinder

kauen kauen

Krokodil Krokodil

Kati kaut einen Keks.

Kamilla knetet Knete.

Karl kocht in der Küche.

Der Kaiser trinkt Kakao.

Kamele bekommen Karies.

Klara küsst einen Kobold.

Kerstin krabbelt im Kreis.

Kalli kommt aus Kanada.

W

w

W W W

w w w

W W W

w w w

W w W w

was was

weil weil

Wort Wort

Wolke Wolke

warten warten

Wunder Wunder

Der Wind weht wild.

Wer will eine Wurst?

Werner wartet wütend.

Willi war im Weltraum.

Woher kommen Wichtel?

Walter wandert im Wald.

Wale weinen in der Wüste.

Wir wollen warmes Wetter!

Ich habe eine Krone.

Ich habe einen Rüssel.

Ich bin im Weltall.

Ich mache tolle Musik.

Ich lebe im Wasser.

Ich habe dünne Seiten.

Ich kann laut bellen.

Ich habe Dornen.

Dieses Tier hat Hörner.

Dieses Tier kriecht herum.

Dieses Tier kräht laut.

Dieses Tier hat Stacheln.

Dieses Tier ist sehr klein.

Dieses Tier ist nicht echt.

Dieses Tier hat Kiemen.

Bank, denken, Schwester, Woche,

Kind, danken, warten, weit, dunkel

F

f

F F F

f f f

F F F

f f f

F f F f

auf auf

frisch frisch

rufen rufen

Frau Frau

Affe Affe

Fest Fest

Fanni faltet fabelhaft.

Ferdi findet Schiffe toll.

Frank hat freche Freunde.

Fische haben keine Federn.

Wölfe fressen Schafe.

Tiffi feiert mit fünf Feen.

Frankas Finken flöten fein.

Fette Ferkel sind nicht fit.

P

P

p

p

P P P

p p p

P P P

p p p

P p P p

Opa Opa

Kopf Kopf

Raupe Raupe

Pinsel Pinsel

Suppe Suppe

Puppe Puppe

Petras Pudel liebt Pink.

Pias Pommes sind prima.

Paula pfeift beim Sport.

Neptun ist ein Planet.

Papa plappert ohne Pause.

Philipp pflückt Pflaumen.

Pappbecher sind aus Pappe.

Opi paddelt nach Panama.

Ich fische frische Fische.

Ich habe eine Uniform.

Ich bin ein kleines Pferd.

Ich bin ein Hosenknopf.

Ich lebe im Puppenhaus.

Treppen haben Stufen.

Diese Flasche ist leer.

Briefe sind aus Papier.

Affen fressen keine Pappe.

Fahnen wehen im Wind.

Fenster können offen sein.

Hupen sind oft laut.

Hampelmänner hampeln.

Feen leben in Märchen.

Löffel löffeln Suppe.

Partner, Strom, Freund, Apfel,

finden, sparen, spielen, darf, dürfen

G

G

g

g

G G G

g g g

G G G

g g g

G g G g

gut gut

eng eng

legen legen

Ring Ring

Gras Gras

Geige Geige

Gunnars Gitarre ist gelb.

Gerlindes Gebiss ist grün.

Geier fressen kein Gemüse.

Georg gewinnt eine Gabel.

Geros Gulasch ist gefroren.

Gerds Gesang ist grässlich.

Guido grillt gerne Gurken.

Geister lieben Gruselgebrüll.

J

J

j

2

1

j

J J J

j j j

J J J

j j j

J j J j

ja ja

jeder jeder

Judo Judo

Juni Juni

jagen jagen

Junge Junge

Jürgen hat eine Jacht.

Judith kauft eine Jacke.

Jens jubelt über Juwelen.

Josef ist jünger als Anja.

Jupp jammert im Januar.

Julias Nase juckt im Juli.

Jakobs junger Jaguar jault.

Jans Joghurt ist aus Japan.

Joghurt ist aus Milch.

An Fingern sind Nägel.

Gänse haben Flügel.

Dieser Junge ist fröhlich.

Jacken halten uns warm.

Am Hemd ist ein Kragen.

Aus Wolken fällt Regen.

Gurken sind gesund.

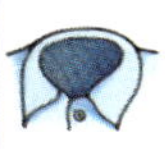

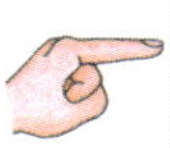

Gläser sind aus Glas.

Das Gespenst ist lustig.

Schafe werden geschoren.

Spiegel spiegeln uns.

Tiger sind Raubtiere.

Dies ist eine Säge.

Spaghetti sind lecker.

Jahr, Aufgabe, Auge, bringen,

fragen, Frühling, Garten, Tag, Weg

Z

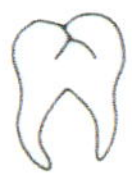

Z

z

z z

Z Z Z

z z z z

Z Z Z

z z z

z z z

Zahl Zahl

Zahn Zahn

Witz Witz

Salz Salz

Katze Katze

tanzen tanzen

Diese Ziege ist zahm.

Im Zoo gibt es Zebras.

Auf dem Zeh ist Zimt.

Der Zahnarzt hat Zöpfe.

Der Zwerg zappelt zornig.

Zucker zerstört die Zähne.

Zwieback zerkrümelt zügig.

Die Zeitung ist zerknittert.

V

V

v

v

V V V

v v v

V V V

v v v

V v V v

vor vor

von von

Verb Verb

Vogel Vogel

Vase Vase

viel viel

In dem Vulkan ist Lava.

Veronas Vogel ist verliebt.

Vera wohnt in einer Villa.

Vanessa kann gut vorlesen.

Vampire verspeisen Vanille.

Verenas Verband ist violett.

Volker versalzt seine Suppe.

Vati verkauft viele Veilchen.

Ich verpuppe mich.

Ich verbrauche Benzin.

Ich verteidige das Tor.

Ich verfolge Verbrecher.

Ich bin verkleidet.

Ich bin verknotet.

Ich bin verletzt.

Ich bin verschlossen.

Zähne haben Wurzeln.

Aus mir wird vorgelesen.

In Zelten wird gezeltet.

Zangen sind Werkzeuge.

Zwiebeln haben Schalen.

Spritzen sind spitz.

Katzen haben Tatzen.

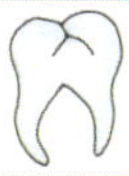

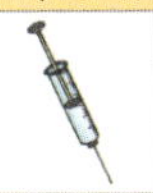

  zahlen, zählen, Ziege, Pflanze,

verschlafen, versprechen, versuchen

ß

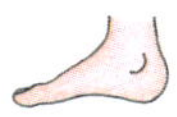

ß

ß ß ß

ß ß ß

ß ß ß

Fuß Fuß

süß süß

heiß heiß

groß groß

Spaß Spaß

Straße Straße

gießen gießen

fleißig fleißig

Opas Füße sind groß.

Omas Füße sind größer.

Selma spielt Fußball.

Pia mag es gerne süß.

Mehmet beißt in ein Eis.

Susi grüßt ihren Heinz.

Svenja kocht weiße Soße.

Bert schießt über das Tor.

Qu

Qu

qu

qu

Qu Qu Qu

qu qu qu

Qu Qu Qu

qu qu qu

Qu qu Qu qu

quer quer

Quark Quark

Quelle Quelle

Qualle Qualle

Quatsch Quatsch

quatschen quatschen

Das Quartett qualmt.

Quallen quietschen nicht.

Quentin zeichnet Quadrate.

Kaulquappen quaken nicht.

Aus Quellen sprudelt Wasser.

Ich lese Druckschrift

und ich schreibe Schreibschrift.

Mache ich das nicht toll?

Ich tauche sehr tief.

Ich habe zwei Höcker.

Ich sammle süßen Nektar.

Ich habe eine Mähne.

Mein Hals ist sehr lang.

Ich jage Mäuse und Vögel.

Ich lege Frühstückseier.

Mich jagt die Katze.

Sie kommt nach der Zwei.

Sie kommt vor der Acht.

Sie kommt vor der Drei.

Sie kommt vor der Neun.

Sie kommt vor der Zwei.

Sie kommt vor der Fünf.

Sie kommt nach der Vier.

Sie kommt vor der Sieben.

1

2

3

4

5

6

7

8

Y

Y

y

y

Y Y Y

y y y

Y Y Y

y y y

Y y Y y

Yoga Yoga

Teddy Teddy

Yeti Yeti

Yak Yak

Pony Pony

Baby Baby

Ponys sind kleine Pferde.

Yannick jault beim Yoga.

Ayse hat eine Babypuppe.

Ronny baut eine Pyramide.

Pferde leben in der Herde.

Flöhe springen in die Höhe.

Schweine haben kurze Beine.

Hasen hoppeln auf dem Rasen.

C

C

c

c

C C C

c c c

C C C

c c c

C c C c

dick dick

backen backen

Comic Comic

Computer Computer

Clown Clown

Cent Cent

Camilla singt im Chor.

Der Clown liebt Comics.

Claras Creme riecht nach Curry.

Carlos ist ein cooler Cowboy.

Anne sägt an einer Tanne.

Ronny sitzt auf einem Pony.

Cora kauft sich einen Bohrer.

Heiner ist ein guter Schreiner.

Sie zeigt uns die Zeit an.

Aus ihm fließt Wasser.

In ihm brüten Vögel.

Auf ihnen fahren Züge.

In ihr werden Eier gebraten.

Er schützt uns vor Regen.

In ihm stehen oft Bücher.

Sie schwingt hin und her.

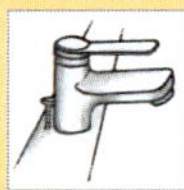

Wo ist der andere Schuh?

In ihm sitzt man bequem.

Auf ihr fahren viele Autos.

Aus ihr wird getrunken.

Er flattert leicht im Wind.

Sie schneidet Papier.

Er hat fünf Arme.

antworten, wünschen, trinken, sprechen,

Blüte, Winter, weiter, Watte, Wette, Kissen, Nuss

X

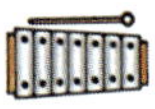

x

X X X

x x x

X X X

x x x

X x X x

Hexe Hexe

Axt Axt

boxen boxen

Xylofon Xylofon

Taxi Taxi

Mixer Mixer

Hexen lieben Mixer.

Eine Nixe sitzt im Taxi.

Trixi kauft ein Xylofon.

Max ist ein guter Boxer.

Gerd bedient den neuen Herd.

Sabine füllt die Spülmaschine.

Susanne hält die große Pfanne.

Frank liegt auf der Küchenbank.

Käse mag die kleine Maus.
Sie ist auch gar nicht dumm.
In ihrem kleinen Mäusehaus
liegt stets genug herum.

Jo-Jos hängen oft am Finger.
Jo-Jos sind sehr munter.
Fröhlich tanzen diese Dinger
rauf und wieder runter.

Oben an dem Himmelszelt
strahlt die Sonne heiß.
Unten nehme ich mein Geld
und kaufe mir ein Eis.

Schnecke Theo fragt sich bang:
„Wie komme ich nur heim?“
Lieber Theo, denk nicht lang,
gleit auf deinem Schleim.

Langer Hals, dünnes Bein,

das passt nicht zu Affen.

Affen müssen anders sein,

sonst wären sie Giraffen.

Dieser Ball hieß Rainer.

Er wurde immer kleiner.

Pumpen hatte keinen Zweck.

Schließlich war er weg.

Es gab da mal ein Mädchen,
das wollte stets ein Rädchen.
Es kriegte einen Roller,
den fand es noch viel toller.

Es gab da einen Jungen,
der hat so schief gesungen,
dass alle Leute maulten
und alle Hunde jaulten.

Ihr habt kräftig nachgedacht.

Ihr habt euch angestrengt.

Hoffentlich habt ihr gelacht.

Das dürft ihr, wenn ihr denkt.

Hätte dieses Heft zwei Beine,

würde es jetzt gehen.

Kinder, wisst ihr, was ich meine?

Tschüss, auf Wiedersehen.